Leserabe
2. Lesestufe

Heidemarie Brosche

Gespenstergeschichten

Mit Bildern von Martina Theisen

Ravensburger Buchverlag

Bibliografische Information Der Deutschen Bibliothek:

Die Deutsche Bibliothek verzeichnet diese Publikation
in der Deutschen Nationalbibliografie.
Detaillierte bibliografische Daten sind im Internet
über **http://dnb.ddb.de** abrufbar.

2 3 4 5 6 09 08 07 06

Ravensburger Leserabe

Umschlagbild: Martina Theisen
Redaktion: Claudia Ondracek
Umschlagkonzeption: Sabine Reddig
Printed in Germany
ISBN 13: 978-3-473-36061-1
ISBN 10: 3-473-36061-9
www.ravensburger.de
www.leserabe.de

Inhalt

Der erste Auftritt

Wenn es nur endlich losginge!
Ungeduldig hopst Wedel
hin und her.
Immer noch 37 Minuten
bis zur Geisterstunde!
Das ist ja nicht auszuhalten.
Kein anderes Gespenst
ist zu sehen oder zu hören.

Sicher schlafen sie alle noch.
Für sie ist der Spuk heute Nacht
ja auch das Normalste von der Welt:
Gespensterarbeit eben!
Aber für Wedel nicht.
Er spukt zum allerersten Mal!
Womit kann er sich nur
die Zeit vertreiben?
Vielleicht mit dem großen Buch da?

„Gespenster-Benimm-Buch“
steht auf dem Umschlag.
Entschlossen schlägt Wedel es auf.
Er liest: Gespenster
dürfen nicht ans Tageslicht.
Und sie sollen schaurig heulen.
Wie langweilig!
Das weiß er doch längst!

Wedel muss gähnen.
Kurz auszuruhen kann nicht schaden, damit er zur Geisterstunde fit ist.
Plötzlich schlägt irgendwo eine Tür im Burghotel.
Erschrocken reibt sich Wedel die Augen.
Ach ja, Geisterstunde, endlich!

Schnell schlüpft er hinaus
in den Flur.
Wieso ist es auf einmal so still?
Wedel sieht sich ratlos um.
Kein Gespenst weit und breit!
Aufgeregt schaut Wedel
hinaus zur Turmuhr.
Das kann doch nicht möglich sein.
Über eine Stunde nach Mitternacht!

Er hat seinen ersten Auftritt
einfach verschlafen.
Tränen schießen ihm in die Augen.
Wedel schaut sich um.
Da sind die Menschenzimmer.
Hier hätte er heute spuken sollen.
Aber er hat alles verpatzt!

Vor Enttäuschung
muss Wedel laut schluchzen.
So laut, dass er selbst erschrickt!
Da senkt sich plötzlich eine Klinke.
Ein Kopf lugt durch den Türspalt.
Ein Menschenkind!
Es hat Tränen in den Augen
und schreit vor Schreck auf,
als es Wedel sieht.

„Was hast du?“, fragt Wedel.
„A…angst vor Ge…gespenstern“,
murmelt das Kind schlotternd.
„Ich hab mich vorhin so gefürchtet!“
„Und ich bin traurig“, sagt Wedel,
„weil ich die Geisterstunde
verschlafen habe.“

„Macht dir Spuken etwa Spaß?“,
fragt das Kind leise.
Wedel nickt.
„Ist Spuken für dich so schlimm?“,
fragt er.

Das Kind nickt.
Sie schauen sich schweigend an.
„Ich hab’s“, ruft Wedel plötzlich.
„Ich sage
meinen Gespenster-Freunden,
dass sie in Zukunft nicht mehr
bei Kindern spuken sollen!“
Das Kind strahlt.

„Und ich gebe dir einen
von meinen Weckern“, sagt es.
„Damit du nicht wieder verschläfst.“
Schnell holt das Kind einen Wecker.
„Gespenstischen Dank“,
sagt Wedel.
„Dir auch“, sagt das Kind und lacht.

Allein zu Hause

„Du kannst wirklich gehen, Mama“,
sagt Thomas und lacht.
„Ich schaff das schon!“
Mama guckt ihn an.
Dann öffnet sie die Tür.
„Schlaf gut, mein Großer!“,
ruft sie im Gehen.
„Und ruf an, wenn was ist!“

Jetzt ist Thomas
allein zu Hause.
Zum allerersten Mal!
Mama ist nur bei den Nachbarn.
Zwei Stockwerke tiefer.
Und die Telefonnummer
kennt er auch.
Trotzdem kann Thomas
kein bisschen schlafen.
Er holt Leopold, den Biber,
zu sich ins Bett.

Und auch den Hasen Hopp.
Meist sitzen sie
oben auf dem Regal,
weil Thomas ja schon groß ist.

Aber heute braucht er
jemanden zum Kuscheln.
In der Wohnung ist es so still.
Plötzlich hört Thomas etwas.
Ein Geräusch,
als ob Stoff rascheln würde.

Wer kann das sein?
Thomas lauscht
mit geschlossenen Augen.
Da ist das Rascheln
schon wieder!
Jetzt zischelt und wispert es.
Thomas hält den Atem an.
Er spürt einen Windstoß
im Gesicht.
Aber das Fenster ist zu.
„Hey, wer ist das?“,
ruft Thomas laut.

Denn er will mutig sein.
Im nächsten Moment
hört er ein Kichern.
Thomas reißt die Augen auf.
Das Kichern wird lauter.
„Ge-spens-ter-spaß“,
jault es irgendwo.

Dann tauchen aus dem Dunkel
hell schimmernde Köpfchen auf.
„Ge-spens-ter-spaß“,
heulen sie fröhlich,
„für dich Tho-ho-mas!“

Thomas starrt die
hellen Wesen an.
Sie sehen kein bisschen
gefährlich aus,
sondern lachen ihm
freundlich ins Gesicht.
„Oh, Tho-ho-mas,
werd bloß nicht blass!“,
singen sie frech weiter.
„Verstehst du denn
ein wenig Spaß?“

Und ob er Spaß versteht!
Außerdem klingt das alles
irgendwie lustig.
„Klar!“, ruft er deshalb.
Im nächsten Moment
werfen die Gespenster
Leopold durch die Luft.
Und dann Hopp.
Und seine drei bunten Bälle.

Kreuz und quer wirbeln
die Sachen herum.
Die Gespenster kreischen
und juchzen vor Freude.
Thomas kuschelt sich ins Kissen
und schaut dem wilden Treiben zu.
Feine Sache,
so ein Gespensterspaß!

Die Prüfung

„Verflixt noch mal!“
Gruso ist wütend.
Und verzweifelt!
Er kann das einfach nicht!
Der Gespensterprüfer
schaut ihn kopfschüttelnd an.
„Was hast du nur?“,
fragt er ratlos.
Gruso kommt einfach nicht
durch die Wand.

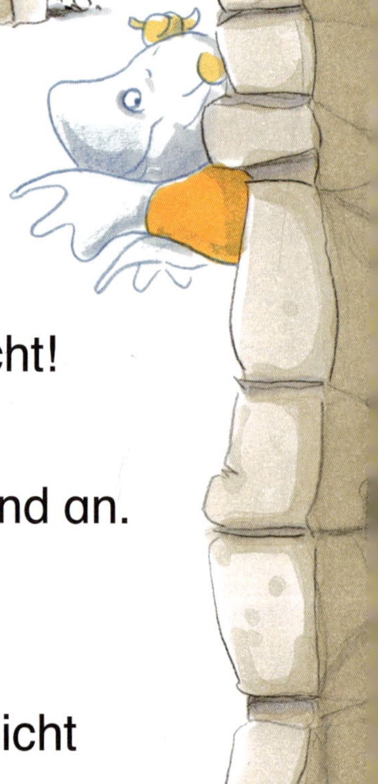

Ein Gespensterkind
nach dem anderen
hat die Prüfung gemacht.
Und eines nach dem andern
ist durch die Wand geschwebt.

Nur Gruso nicht.
„Schaut genau
auf den kleinen Punkt da“,
hat der Prüfer gesagt.
„Dann klappt es wie von selbst.“
Gruso schaut jedes Mal,
so gut er kann.

Aber es tut sich nichts.
„Ich besteh die Prüfung nicht“,
jammert er.
Der Gespensterprüfer überlegt.
Dann sagt er aufmunternd:
„Lies dir das mal in Ruhe durch.“
Er gibt Gruso einen Zettel.
Seufzend liest Gruso.
Was soll ihm das helfen?
Da steht genau das Gleiche,
was der Prüfer gesagt hat:
„Schaut genau auf den Punkt …“

„Gruso!“, ruft plötzlich der Prüfer.
Gruso sieht erschrocken auf.
„Du hältst das Blatt
ja ganz nah ans Gesicht.

Man liest doch nicht
mit der Nasenspitze!“
Gruso versteht nicht,
was der Prüfer meint.
So liest er doch immer.

Da schlägt sich der Prüfer
gegen die Stirn.
„Ich hab früher auch so gelesen“,
sagt er und lacht.
Dann gibt er Gruso seine Brille.
„Vielleicht geht’s mit der besser.
Probier mal!“

Was soll denn das jetzt wieder?
Genervt setzt Gruso die Brille auf.
Dann schaut er auf den Zettel.
Das kann nicht sein!
Alle Buchstaben sind plötzlich
ganz deutlich!

Sogar wenn er den Zettel
weit weg hält.
„Du bist kurzsichtig“,
sagt da der Prüfer,
„du brauchst eine Brille.
Du siehst den Punkt nicht gut.
Deshalb klappt es nicht!“

Gruso macht einen Luftsprung.
„Darf ich es mal
mit Ihrer Brille versuchen?“,
fragt er aufgeregt.
Der Prüfer nickt.
Und schon schwebt Gruso
durch die Wand.
Vor Freude will er gleich
zu den andern eilen.

„Meine Brille!“,
hört er da den Prüfer rufen.
„Ich seh ja nichts.“
Da geht Gruso gleich
noch einmal durch die Wand.

„Hier ist sie“, sagt er.
„Vielen Dank!
Und morgen besorge ich mir
als Erstes eine Brille!“

Im alten Haus

„Gute Nacht, ihr Küken.
Passt nur auf,
hier spukt's bestimmt!“
Kichernd verabschieden sich
Tom und Igor
von den beiden Mädchen.
Dann schauen sie sich
verschwörerisch an.

„Wir schließen lieber ab“,
sagt Sarah und dreht
den Schlüssel im Schloss um.
„Die wollen uns bestimmt ärgern.“
Lale nickt zustimmend.
Die Jungs sind heute so doof!
Und das ausgerechnet
in der ersten Nacht
in diesem alten Haus.
Toms und Sarahs Eltern
haben es geerbt.

Zum ersten Mal verbringen sie
ein Wochenende hier.
Gemeinsam mit Lale und Igor,
ihren Freunden,
und deren Eltern.
Plötzlich knallt etwas
gegen die Zimmertür.
Und noch etwas.
Danach hört man ein Heulen.
Und dann das bekannte Kichern.

„Nicht beachten!", sagt Lale.
Doch plötzlich stehen
zwei Wesen in weißen Tüchern
neben dem alten Stockbett.

„Wie seid ihr denn
reingekommen?",
fragt Sarah verblüfft.
„Die Tür ist doch abgeschlossen!
Gibt's hier einen Geheimgang?"

Tom und Igor antworten nicht.
Sie hüpfen nur durchs Zimmer
und heulen grässlich.
„Hört doch mal auf!“, meint Lale.
Aber Tom und Igor hören nicht auf.
Sie stürzen plötzlich
auf die Mädchen zu.
„Seid ihr kindisch!“, kichert Lale.
Und Sarah bekommt
einen Lachanfall.

Da bleiben
die Tücher-Wesen stehen.
„Jetzt reicht's! Wieso lacht ihr?",
schreit das kleinere aufgebracht.
Seine Stimme klingt nicht
wie die von Tom.

Das größere fügt wütend hinzu:
„Und wieso erschreckt ihr nicht?“
Er spricht nicht wie Igor.
Lale und Sarah verstummen
und verkriechen sich im Bett.
„Na endlich!“,
heulen die Gestalten zufrieden.
Vorsichtig lugt Sarah
unter der Bettdecke hervor.
„W…wer seid ihr?“, murmelt sie.

„Dumme Frage“, sagt das größere,
„Gespenster natürlich!“
„Echte Gespenster?“,
fragt Lale leise.
„Ja klar“, antworten die beiden.
„Aber ihr seid keine echten Kinder.
Ihr erschreckt gar nicht richtig.“

Da grinst Sarah und fragt:
„Wollt ihr mal jemanden
richtig erschrecken?“
Die zwei Gespenster nicken.
„Dann geht mal da rüber“,
sagt sie und zeigt mit dem Finger
in Richtung Jungenzimmer.
„Au ja!“, lacht auch Lale.

Die Gespenster zischen los.
Sarah und Lale lauschen.
„Hilfe!“, hören sie wenig später
die Jungen schreien.
„Hier spukt’s!“

Heidemarie Brosche, geboren 1955, lebt mit ihrem Mann und drei Söhnen in Friedberg bei Augsburg. Von Beruf Lehrerin, fing sie nach der Geburt ihrer Kinder zu schreiben an – vor allem Bücher für und über Kinder. Als Kind hat sie sich vor den unheimlichen Nachtwesen ganz schön gefürchtet. Seit sie selbst Mutter ist, geht sie schon eher mal auf Gespensterjagd. Gespenstische Ruhe aber herrscht bei ihr zu Hause selten.

Martina Theisen war schon für ihre großen Brüder eine „unheimliche" Bescherung: Sie wurde nämlich am Heiligabend 1968 geboren und brachte damit den ganzen Familientrott durcheinander. Später sorgte sie mit Spinnen in den Kinderzimmern für so manche Gruselstunde. Martina Theisen studierte Kommunikationsdesign in Mainz und war neben ihrem Studium in der Fernsehgrafik tätig. Ende 2000 gewann sie einen Illustrationswettbewerb, der sie nach Berlin verschlug, wo Martina Theisen heute noch lebt und als freischaffende Illustratorin arbeitet.

Leserätsel

mit dem Leseraben

Super, du hast das ganze Buch geschafft! Hast du die Geschichten ganz genau gelesen? Der Leserabe hat sich ein paar spannende Rätsel für echte Lese-Detektive ausgedacht. Mal sehen, ob du die Fragen beantworten kannst. Wenn nicht, lies einfach noch mal auf den Seiten nach. Wenn du die richtigen Antwortbuchstaben in die Kästchen auf Seite 42 eingesetzt hast, bekommst du das Lösungswort.

Fragen zu den Geschichten

1. Wieso ist Wedel so aufgeregt? (Seite 5)
G : Weil er zum allerersten Mal spukt!
K : Weil er eine Gespensterprüfung hat!

2. Was passiert, als Wedel laut schluchzt? (Seite 10)
U : Ein Gespenst tröstet ihn.
R : Es senkt sich eine Türklinke.

3. Wieso ist Thomas allein zu Hause? (Seite 15)
L : Mama ist im Theater.
U: Mama ist bei den Nachbarn.

4. Was tun die Gespenster, als Thomas sie sieht? (Seite 19)
S : Sie lachen ihm freundlich ins Gesicht.
M : Sie wollen ihm Angst machen.

5. Wie soll Gruso durch die Wand kommen? (Seite 23)
A: Es soll sich ganz klein machen.
E : Er soll genau auf einen Punkt schauen.

6. Wie liest Gruso den Zettel? (Seite 25)
L: Er hält ihn ganz nah ans Gesicht.
B: Er hält ihn ganz weit weg.

7. Wohin schicken die Mädchen die Gespenster? (Seite 38)
G: Zu den Jungen.
N: Zu ihren Eltern.

Lösungswort:

1	2	3	4	5	6	I	7

Rabenpost

Super, alles richtig gemacht! Jetzt wird es Zeit für die RABENPOST.
Schicke dem LESERABEN einfach eine Karte mit dem richtigen Lösungswort. Oder schreib eine E-Mail.
Wir verlosen jeden Monat 10 Buchpakete unter den Einsendern!

An den LESERABEN
RABENPOST
Postfach 20 07
88190 Ravensburg
Deutschland

leserabe@ravensburger.de
Besuche mich doch mal auf meiner Webseite:
www.leserabe.de

Leserabe

1. Lesestufe für Leseanfänger ab der 1. Klasse

ISBN 3-473-36038-4

ISBN 3-473-36036-8

ISBN 3-473-36014-7

ISBN 3-473-36037-6

2. Lesestufe für Erstleser ab der 2. Klasse

ISBN 3-473-36043-0

ISBN 3-473-36041-4

ISBN 3-473-36039-2

ISBN 3-473-36021-X

3. Lesestufe für Leseprofis ab der 3. Klasse

ISBN 3-473-36054-6

ISBN 3-473-36051-1

ISBN 3-473-36024-4

ISBN 3-473-36052-X

Gute Idee.

Ravensburger